D1334763

Dear Hazel

Merry Christmas
and
Happy 2000

love from

Tiana +.

INCROYABLE

SNOOPY

PEANUTS

INCROYABLE

Traduction de J. Daunay
CHARLES M. SCHULZ

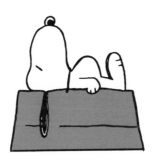

DARGAUD EDITEUR – PRESSES POCKET

7

8

JAMAIS ILS NE DISENT "AU REVOIR"!

QUE PENSER DE ÇA?

JE LES LAISSE BÂTIR LEUR NID SUR MA NICHE, JE GARDE LEURS ENFANTS, J'AIDE À APPRENDRE AUX PETITS À VOLER...

ET VOILÀ QUE, SOUDAIN, LA FAMILLE ENTIÈRE S'EN VA!! PAS DE "MERCI"... PAS D'"AU REVOIR"... RIEN! LES OISEAUX ME RENDENT FOU!

ET LE PIRE DE TOUT, C'EST QU'ILS PEUVENT VOLER, ET PAS MOI!

10

MON DIEU!

GARÇON AVISÉ!

HORS BUT!

A-T-IL ÉTÉ SURPRIS?

JE LE CROIS...

IL L'A AIMÉ?

OH, JE SUIS SÛR QUE OUI... IL A EU L'AIR TRÈS HEUREUX...

TU AIMERAIS UNE BOULE DE GOMME COMMENT, CHARLIE BROWN?

ÇA FAIT SEULEMENT UNE SEMAINE QUE JE LES AI DANS MA POCHE... IL Y EN A DES BLANCHES, DES ROSES, DES ROUGES ET DES NOIRES...

MOI, JE LES VOIS TOUTES NOIRES!

TIENS, MOI AUSSI... C'EST VRAIMENT BIZARRE!

ET UN PEU ÉCOEURANT!

J'AI UN LIVRE À LA MAISON OÙ IL Y A UNE IMAGE DE LINCOLN JOUANT AUX BOULES...

TU CROIS QUE BEETHOVEN AURAIT PU BATTRE LINCOLN AUX BOULES?

MON DIEU! POURQUOI POSES-TU DES QUESTIONS AUSSI STUPIDES?

J'AIME SPÉCULER SUR DE TELLES CHOSES... ÇA REND L'HISTOIRE VIVANTE!

JUSQU'A QUELLE HEURE TOI ET LUCY POUVEZ-VOUS RESTER DEBOUT QUAND ON VIENT VOUS GARDER LE SOIR?

TOUT DÉPEND COMMENT ON SE CONDUIT...

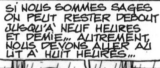

SI NOUS SOMMES SAGES ON PEUT RESTER DEBOUT JUSQU'A NEUF HEURES ET DEMIE... AUTREMENT, NOUS DEVONS ALLER AU LIT A HUIT HEURES...

ÇA SE DIT, "FAIRE BAISSER LE MARCHÉ!"

TU VOIS QUELQUE CHOSE?

HIN, HIN... ICI... JETTE UN COUP D'OEIL...

CERTAINES DE CES ÉTOILES ONT VINGT-CINQ BILLIONS D'ANNÉES!

C'EST ASSEZ VIEUX...

POURQUOI N'ESSAYONS-NOUS PAS D'EN REGARDER DE PLUS NOUVELLES?

JE CROIS QUE TU AIMERAIS CE LIVRE, LUCY!

IL EST ASSEZ GROS, MAIS TRÈS BON...

TU AVAIS RAISON... IL ÉTAIT FASCINANT...

ZIP!

JE LIS TRÈS VITE!

JE SUPPOSE QUE JE N'AI PLUS QU'À DORMIR DANS LA CHAMBRE D'AMIS...

CETTE COUVERTURE ABSORBE TOUTES MES PEURS ET MES FRUSTRATIONS...

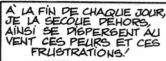
À LA FIN DE CHAQUE JOUR, JE LA SECOUE DEHORS, AINSI SE DISPERSENT AU VENT CES PEURS ET CES FRUSTRATIONS!

ET POUR DEMAIN?

DEMAIN, JE RECOMMENCE AVEC UNE COUVERTURE PROPRE!

ÇA RESSEMBLE ASSEZ AU PROVERBIAL "PASSER L'ÉPONGE"!

ÉCOUTE, CHARLIE BROWN... TU AS DES CRAINTES ET DES FRUSTRATIONS. J'AI RAISON?

BIEN SÛR QUE J'AI RAISON! AUSSI AS-TU BESOIN D'UNE COUVERTURE COMME CELLE-CI POUR ABSORBER CES PEURS ET CES FRUSTRATIONS!

JE NE CROIS PAS...

JE PENSE QUE LA PLUPART DES PROBLÈMES DE LA VIE SONT TROP COMPLIQUÉS POUR ÊTRE RÉSOLUS AVEC UN BUVARD SPIRITUEL!

JE PENSE QU'UNE PARTIE DE TES PROBLÈMES SERAIENT RÉSOLUS, LUCY SI TU AVAIS UNE COUVERTURE...

PEUT-ÊTRE QUE SI TU AVAIS UNE COUVERTURE, TU NE SERAIS PAS AUSSI GROGNON ET AUSSI...

POW!

...IRASCIBLE!

C'EST DRÔLE D'ÊTRE ALLONGÉ LÀ ET D'ÉCOUTER TOUS LES BRUITS DE LA NUIT...

MAIS IL ME SEMBLE QU'IL MANQUE QUELQUE CHOSE...

6

OWOOOOoo!

À MON AVIS, C'EST TOUT JUSTE CE QU'IL FALLAIT!

SCHULZ

23

MELLE OTHMAR EST REVENUE!

MA MAÎTRESSE PRÉFÉRÉE EST DE RETOUR DANS NOTRE ÉCOLE CETTE ANNÉE!

ELLE EST REVENUE! ELLE EST REVENUE!

MELLE OTHMAR EST REVENUE!

QU'EST-CE QUE CETTE HISTOIRE DU RETOUR DE MELLE OTHMAR

C'EST VRAI, CHARLIE BROWN! ELLE EST REVENUE DANS NOTRE ÉCOLE POUR ENSEIGNER!

JE CROYAIS QUE SON NOM ÉTAIT MME. HAGEMEYER MAINTENANT...

NON, C'EST JUSTE SON NOM DE MARIAGE...

DANS LA VIE RÉELLE, C'EST MELLE OTHMAR!

« JE NE PEUX PAS ALLER A 'ECOLE AUJOURD'HUI CHARLIE BROWN... JE SUIS MALADE...

DIS A MELLE OTHMAR DE CONTINUER SANS MOI! DIS LUI QUE JE SUIS DÉSOLÉ! DIS-LUI QUE J'ESSAYERAI D'ÊTRE LA DEMAIN!

DIS-LUI D'ESSAYER DE COMPRENDRE QUE LA VIE EST PLEINE DE DÉCEPTIONS!

C'ÉTAIT BIEN AGRÉABLE DE RETOURNER A L'ÉCOLE...

C'ÉTAIT AGRÉABLE JUSTE DE S'ASSEOIR ET DE REGARDER MELLE OTHMAR A L'ŒUVRE...

BIEN SÛR, J'ADMIRE **TOUS** LES PROFESSEURS, MAIS MELLE OTHMAR EST UNE PERLE PARMI LES PERLES...

ON SE DEMANDE CE QUE L'ÉDUCATION NATIONALE A FAIT POUR MÉRITER UNE TELLE LUMIÈRE!

TU VOUDRAS BIEN M'EXCUSER, FRIEDA... MANIFESTEMENT, C'EST L'HEURE DU REPAS DE QUELQU'UN!

SI TU CROIS ÊTRE DRÔLE EN FAISANT CES GRIMACES, TU TE TROMPES FÂCHEUSEMENT!

PLUS PERSONNE N'APPRÉCIE CE VÉRITABLE HUMOUR MAINTENANT!

28

29

CHAQUE ÉTAPE DE LA VIE SEMBLE AVOIR SA PROPRE SIGNIFICATION...

ON ENTEND DES TAS DE GENS PARLER DE LEURS "ANNÉES DORÉES"...

TU CROIS QUE NOUS SOMMES DANS NOS ANNÉES DORÉES, CHARLIE BROWN?

NON, JE CROIS PLUTÔT QU'ELLES SONT EN CUIVRE!

JE CROIS QUE TU DONNES TROP À MANGER À CE CHIEN, CHARLIE BROWN...

UN CHIEN QUI PREND AUSSI PEU D'EXERCICE QUE LUI N'A VRAIMENT PAS BESOIN DE MANGER BEAUCOUP!

TU PEUX ME FRAPPER, TU PEUX CRIER APRÈS MOI, TU PEUX ME CHASSER, TU PEUX M'INSULTER...

... MAIS N'INTERVIENS PAS DANS MON ALIMENTATION!!

POURQUOI CROIS-TU QUE NOUS SOYIONS SUR TERRE, CHARLIE BROWN ?

POUR RENDRE LES AUTRES HEUREUX !

JE NE PENSE PAS QUE JE RENDE QUELQU'UN VRAIMENT HEUREUX...

BIEN SÛR, PERSONNE NON PLUS NE ME REND TRÈS HEUREUSE...

QUELQU'UN NE FAIT PAS SON BOULOT !!!

CHARLIE BROWN DIT QUE NOUS AVONS ÉTÉ MIS SUR TERRE POUR RENDRE LES AUTRES HEUREUX !

C'EST POUR ÇA QUE NOUS SOMMES LÀ ?

JE CROIS QU'IL VAUDRAIT MIEUX QUE JE COMMENCE PAR UN AUTRE TRAVAIL...

JE HAIS LES RESPONSABILITÉS !

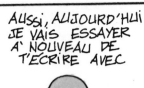
CHER CORRESPONDANT
J'AI TOUJOURS SU QUE
CE N'ÉTAIT PAS BIEN
DE MA PART DE T'ÉCRI-
RE AU CRAYON.

AUSSI, AUJOURD'HUI
JE VAIS ESSAYER
À NOUVEAU DE
T'ÉCRIRE AVEC

> MON <
> DIEU! <

CHER CORRESPONDANT,

AUJOURD'HUI JE PRENDS
LA PLUME POUR ÉCRIRE.
COMMENT VAS-TU?

ICI TOUT VA BIEN,
IL FAIT CHAUD
RÉPONDS-MOI.

AMITIÉS
CHARLIE
BROWN

CHER

ZUT! JE N'Y ARRIVE PAS !!

VEUX-TU QUE JE TE MONTRE COMMENT TENIR UNE PLUME, CHARLIE BROWN ? JE SUIS EXPERTE!

IL FAUT SIMPLEMENT SAVOIR COMBIEN IL FAUT D'ENCRE ET, APRÈS FAIRE ATTENTION AVEC LES TRAITS DE HAUT EN BAS...

CHER CORRESPONDANT

MON PROBLÈME D'HABITUDE, C'EST LES MARGES...

TOUT SEMBLE SI CALME ICI LE JOUR OÙ IL REND VISITE À SON GRAND-PÈRE

36

37

JE N'EN SAIS RIEN...

TU VEUX VOIR DISPARAITRE LE "RHUME COMMUN", NON ?

BEN, OUI, MAIS ...

TU VEUX VOIR PROGRESSER LA SCIENCE DE LA MÉDECINE, NON ? ALLONGE-TOI SUR LE TROTTOIR !

VRAIMENT, JE N'AI JAMAIS PENSÉ À MOI COMME COBAYE...

TON ASSURANCE EN CAS DE NÉGLIGENCE MÉDICALE EST BIEN RÉGLÉE ?

TRÈS BIEN ! MAINTENANT, TOUSSE !

COUGH! COUGH! COUGH!

STOMP! STOMP! STOMP! STOMP!

IL Y A UN TAS DE MICROBES DU RHUME QUI NE GÊNERONT PLUS PERSONNE !

38

13

CHARLIE BROOWN, ESPÈCE DE TÊTE DE BOIS !

TU DEVRAIS FAIRE ATTENTION ... TU RISQUES DE L'OFFENSER...

L'OFFENSER ?

OUI, IL EST PEUT-ÊTRE VRAIMENT UNE TÊTE DE BOIS !

TOUTES LES CRÉATURES DE LA TERRE ONT CACHÉE EN LEUR ÊTRE, UNE VIOLENTE IRRÉSISTIBLE, ENVIE DE SHOOTER !

14

SCHULZ

ÉLOIGNE-TOI DE MOI, HYPO-CRITE!

TU FAIS SEMBLANT DE M'AIMER PARCE QUE J'AI UN PARAPLUIE!

MÊME LES HYPOCRITES DÉTESTENT ÊTRE MOUILLÉS!

SHOOT

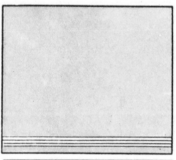

MANIFESTEMENT, L'HEURE DU REPAS DE QUELQU'UN EST PASSÉE!

COMBIEN CROIS-TU QUE MELLE OTHMAR SOIT PAYÉE POUR ENSEIGNER!

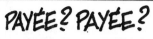

PAYÉE? PAYÉE?

EST-CE QUE, SÉRIEUSE-MENT TU PENSES QUE MELLE OTHMAR ACCEPTE-RAIT DE L'ARGENT POUR ENSEIGNER? C'EST SCANDALEUX!

L'ENSEIGNEMENT DE MELLE OTHMAR EST DE L'ART PUR!!

POURQUOI MELLE OTHMAR ACCEPTERAIT-ELLE DE L'ARGENT POUR ENSEIGNER?

QUELLE JOIE L'ARGENT LUI APPORTERAIT-IL PLUS GRANDE QUE LA JOIE DE VOIR SES ÉCOLIERS APPRENDRE?

JE N'Y AVAIS JAMAIS PENSÉ COMME ÇA...

EH BIEN, IL EST TEMPS DE LE FAIRE! MELLE OTHMAR ET CEUX DE SON GENRE SONT D'UNE ESPÈCE À PART

COMMENT FAIT-ON POUR S'EXCUSER AUPRÈS D'UNE ESPÈCE À PART?

MON DIEU, MON DIEU, MON DIEU!

QUE CHARLIE BROWN PEUT ÊTRE STUPIDE!

IL EST SI STUPIDE QU'IL PENSE QUE MELLE OTHMAR TOUCHE DE L'ARGENT POUR ENSEIGNER! MAIS JE L'AI DÉTROMPÉ! JE LUI AI DIT... JE ... JE ...

3 OH, NON! ₢

15

OH, MELLE OTHMAR, COMMENT AVEZ-VOUS PU?

JE PENSAIS QUE VOUS NOUS ENSEIGNIEZ PARCE QUE VOUS NOUS **AIMIEZ!** JAMAIS JE N'AURAIS IMAGINÉ QUE VOUS ÉTIEZ **PAYÉE** POUR ÇA!

UNE MINUTE! PEUT-ÊTRE QU'ELLE EST PAYÉE, MAIS QU'ELLE N'ACCEPTE PAS L'ARGENT!

JE PARIE QUE C'EST ÇA! JE PARIE QU'ELLE LE REND ENTIÈREMENT! OH, MELLE OTHMAR, VOUS ÊTES UNE VRAIE PERLE!!

44

45

47

48

EST-CE QUE LES TEMPS QUE NOUS VIVONS T'INQUIÈTENT, LUCY?

JE VEUX DIRE QUE TOUT EST SI INCERTAIN ET SI CONFUS...

EST-CE QUE ÇA TE TOURMENTE OU T'INQUIÈTE, OU EST-CE QUE TU...

QU'ESSAIES-TU DE FAIRE, COMMENCER UNE THÈSE?

CE QUE J'ESSAIE DE COMPRENDRE, LUCY, C'EST CECI...

NOUS VIVONS DES TEMPS DANGEREUX... TOUT LE MONDE SAIT ÇA... ET... BON... EST-CE... JE VEUX DIRE...

CE QUE JE VEUX DIRE, C'EST COMMENT TOI, UNE ENFANT IMPUISSANTE, PEUX RESSENTIR À CHAQUE MINUTE, QUE...

NE LE DIS PAS!

49

QUAND J'AU-RAI DIX-HUIT ANS, J'ESPÈRE QUE CE MONDE SERA PARFAIT!

POURQUOI DEVRAIS-JE VIVRE DANS UN MONDE QUE QUELQU'UN D'AUTRE A SOUILLÉ?! JE LEUR DONNE DOUZE ANS POUR TOUT REMETTRE EN ORDRE!

ET S'IL LEUR FAUT PLUS DE TEMPS?

DIS-LEUR DE NE PAS ESSAYER D'OBTENIR PLUS DE TEMPS... LA RÉPONSE SERA, "NON"!

BOING!

CLOMP

JE N'AI JAMAIS CONNU QUELQU'UN QUI S'AMUSE AUTANT AVEC UN OS EN CAOUTCHOUC!

51

QUAND TU ES EN ROUTE POUR L'ÉCOLE ET QUE TU RENCONTRES UN CHIEN, TU DOIS TOUJOURS T'ARRÊTER, ET LUI TAPOTER LA TÊTE...

PAT PAT

ÇA TE PERMET TOUJOURS DE BIEN DÉBUTER LA JOURNÉE...

BON, ENFIN DE COMPTE, JE SERS À **QUELQUE CHOSE** DANS LA SOCIÉTÉ!

SCHULZ

19

JE VIENS DE LIRE QUELQUE CHOSE SUR LE DÉCLIN ET LA CHUTE DE L'EMPIRE ROMAIN...

J'AI LU AUSSI UN LIVRE SUR LE DÉCLIN DE HOLLYWOOD, LE DÉCLIN DE LA MUSIQUE POPULAIRE, LE DÉCLIN DE LA VIE FAMILIALE...

LE DÉCLIN DE L'IMPÉRIALISME, LE DÉCLIN DE LA MORALITÉ ET LE DÉCLIN DE LA BOXE...

J'AI TOUJOURS ÉTÉ FASCINÉ PAR LES DÉFAILLANCES!

SCHULZ

LE SURCROÎT DE POPULATION EST UN RÉEL PROBLÈME ! TU DEVRAIS T'EN INQUIÉTER !

UN SOIR, TU IRAS TE COUCHER, ET QUAND TU TE VERRAS LE LENDEMAIN MATIN, TU N'AURAS PLUS DE PLACE POUR TE TENIR DEBOUT !

ET DE QUOI DOIS-JE ME SOUCIER ?

JE RETOURNERAI ME COUCHER !

D'ACCORD, SI TU VEUX QUE JE M'INQUIÈTE DU SURCROÎT DE POPULATION, JE VAIS M'EN INQUIÉTER !

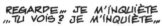

REGARDE... JE M'INQUIÈTE ... TU VOIS ? JE M'INQUIÈTE...

C'ÉTAIT COMMENT ?

HÉ, TU NE VEUX PAS QUE JE ME SURMÈNE LE PREMIER JOUR, NON ?

MON DIEU! VOILÀ LUCY! JE SUIS PIÉGÉ!

ELLE A DIT QU'ELLE JETTERAIT MA COUVERTURE DANS L'INCINÉRATEUR D'ORDURES LA PROCHAINE FOIS QU'ELLE LA VERRAIT...

SCHULZ

TU ME TROUVES JOLIE, CHARLIE BROWN?

TU N'AS PAS RÉPONDU TOUT DE SUITE! TU AS BESOIN DE RÉFLÉCHIR, PAS VRAI?

SI TU PENSAIS VRAIMENT QUE JE SUIS JOLIE TU AURAIS RÉPONDU TOUT DE SUITE!!

JE SAIS QUAND ON M'INSULTE! JE SAIS QUAND...

MON DIEU!

SCHULZ

20

TU TE REPOSES, HEIN?

TU TE REPOSES DE QUOI?

MAINTENANT JE VAIS AVOIR MAL À LA TÊTE POUR LE RESTE DE LA JOURNÉE!

SCHULZ

T'ES-TU DÉJÀ DEMANDÉ À QUOI RESSEMBLERAIT LA TERRE S'IL N'Y AVAIT PAS DE SOLEIL?

OUI, C'EST INTRIGANT... LA PENSÉE CHANCELLE À CETTE PERSPECTIVE... C'EST LE GENRE D'AFFAIRE QUI PEUT PRÉSENTER UN DÉBAT PERPÉTUEL...

QUEL EST TON IDÉE SUR LE SUJET?

IL FERAIT NUIT!

SCHULZ

57

TIENS, C'EST UNE HISTOIRE DE REVENANTS, JE CROIS QU'ELLE TE PLAIRA, LINUS...

ELLE EST VRAIMENT INTÉRESSANTE, MAIS PEU EFFRAYANTE...

TU AVAIS RAISON... ELLE N'ÉTAIT QUE MODÉRÉMENT TERRIBLE!

21

"CRA-CRA" TU ES UNE HONTE VÉRITABLE!

TOUTE CETTE SALETÉ ET CETTE POUSSIÈRE... TU ES UN PORTEUR DE BACILLES... AS-TU DÉJÀ PENSÉ À ÇA?

ET ALORS, MÊME SI JE LE SUIS?

MÊME LES MICROBES SONT FATIGUÉS DE MARCHER DE TEMPS À AUTRE!

59

DIS, SAIS-TU QUE C'EST LE "MOIS DE L'ART ENFANTIN"?

POURQUOI CE MOIS-CI? POURQUOI PAS LE MOIS DERNIER? OU LE MOIS SUIVANT? POURQUOI CE MOIS?

POURQUOI RESTREINDRE L'ART A UNE ÉPOQUE PRÉCISE DE L'ANNÉE? L'ART NE DOIT PAS ÊTRE ENFERMÉ! L'ART DOIT ÊTRE LIBRE!

TU NE PEUX DIRE "AUJOURD'HUI NOUS FERONS UNE OEUVRE D'ART!" TU NE PEUX DIRE...

OH, MON DIEU!

ZUT!

IMPOSSIBLE DE MANGER DE LA NOURRITURE POUR CHIEN QUAND ON A L'ESTOMAC TOUT BARBOUILLÉ!

QUE PENSE MELLE OTHMAR QUAND TU EMMENES CETTE COUVERTURE A L'ÉCOLE?

ELLE N'AIME PAS ÇA, AUSSI JE LUI AI PROPOSÉ UN ARRANGEMENT AVEC MOI...

JE LUI AI DIT QUE JE RENONCERAI À MA COUVERTURE SI ELLE NE SE RONGE PLUS LES ONGLES...

QU'EN PENSE-T-ELLE?

JE NE SAIS PAS ... ELLE AVAIT LA TETE BAISSÉE DANS SON BUREAU!

TU QUOI?

J'AI CONCLU UN PACTE AVEC MELLE OTHMAR... JE RENONCERAI À MA COUVERTURE SI ELLE RENONCE À SE RONGER LES ONGLES!

J'AI L'IMPRESSION QUE TU PENSES QU'ELLE N'Y ARRIVERA PAS...

PAUVRE MELLE OTHMAR...

HÉ HÉ HÉ HÉ!

QUELLE SITUATION...

MELLE OTHMAR VA PROUVER À LINUS QU'ON PEUT SE DÉFAIRE D'UNE MANIE AVEC DE LA VOLONTÉ, AUSSI S'ARRÊTERA-T-ELLE DE RONGER SES ONGLES!

LINUS EST SI SÛR QU'ELLE N'Y ARRIVERA PAS QU'IL RISQUE SA CHÈRE COUVERTURE...

DANS CES LUTTES ENTRE INSTITUTEUR ET ÉCOLIER, C'EST TOUJOURS LE MAÎTRE QUI PERD!

23

HA! HA! HA! MON GARS TU ES POSSÉDÉ!

TU AS FAIT UN ARRANGEMENT AVEC LA MAÎTRESSE D'ABANDONNER TA COUVERTURE SI ELLE ARRÊTAIT DE MÂCHONNER SES ONGLES...

ET ELLE L'A FAIT! ET TE VOILÀ ATTRAPÉ!

JE N'AI PAS COMPTÉ AVEC LA TÉNACITÉ DES MAÎTRES D'ÉCOLE MODERNES!

64

JE N'AI PAS PENSÉ QU'ELLE POURRAIT LE FAIRE!

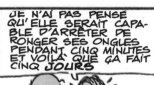

JE N'AI PAS PENSÉ QU'ELLE SERAIT CAPABLE D'ARRÊTER DE RONGER SES ONGLES PENDANT CINQ MINUTES ET VOILÀ QUE ÇA FAIT CINQ *JOURS*

TU L'AS MAL JUGÉE, HEIN ?

JE CROIS BIEN...

J'AI FAIT UNE GROSSIÈRE ERREUR QUAND J'AI JUGÉ QU'ELLE AGIRAIT EN HUMAIN AU LIEU D'AGIR EN MAÎTRE D'ÉCOLE.

QUEL IDIOT J'AI ÉTÉ !

JE NE PEUX PAS VIVRE SANS CETTE COUVERTURE !

J'ÉTAIS CERTAIN QUE MELLE OTHMAR CRAQUERAIT ! J'ÉTAIS SÛR QU'ELLE AURAIT RECOMMENCÉ À RONGER SES ONGLES...

ALORS, J'AURAIS PU EMMENER MA COUVERTURE À L'ÉCOLE, ET ELLE N'AURAIT PAS PU ME CRITIQUER... QUEL IDIOT J'AI ÉTÉ !

POURQUOI LES MAÎTRES SONT-ILS PLUS MALINS QUE LES ÉCOLIERS ?

QUE FAIS-TU ?...

JE ME SOUMETS... JE ME RENDS À QUATRE PATTES VERS MELLE OTHMAR POUR M'EXCUSER...

JE VOUDRAIS RÉCUPÉRER MA COUVERTURE... JE N'Y TIENS PLUS... AI-JE L'AIR HUMBLE ?

Ç'EN EST ÉCŒURANT !!

MELLE OTHMAR M'A RENDU MA COUVERTURE !

ELLE A DIT QUE JE POURRAIS ENCORE L'EMMENER À L'ÉCOLE, MAIS ELLE PENSE QU'IL SERAIT MIEUX POUR MOI DE LA GARDER À LA MAISON...

MON DIEU !

ET APRÈS, ELLE M'A REMERCIÉ DE L'AVOIR AIDÉE À CESSER DE RONGER SES ONGLES !

24

66

TiENS, REGARDEZ CE QUE VOUS AVEZ FAIT... VOUS AVEZ ENTERRÉ VOTRE CHEF!

JE SUIS L'ÊTRE LE PLUS INUTILE JAMAIS NÉ...

NE DIS PAS ÇA CHARLIE BROWN... JE SUIS SÛRE QUE QUAND TU SERAS PLUS GRAND, TU VERRAS QUE TU AS BEAUCOUP DE DONS!

HA HAHAHAHAHA

JE SAVAIS QUE JE NE POURRAIS PAS DIRE ÇA EN GARDANT MON SÉRIEUX!

J'AI DÉCIDÉ QU'IL NOUS FALLAIT UN ÉCLAIREUR DE BASE-BALL!

IL NOUS FAUT QUELQU'UN QUI FONCE ET SE MÊLE À L'AUTRE ÉQUIPE, QUI TROUVE LEURS FORCES ET LEURS FAIBLESSES...

GA PEUT ÊTRE DANGEREUX, BIEN SÛR, MAIS C'EST UN BOULOT QUI DOIT ÊTRE FAIT, ET...

JE T'AI TROUVÉ UN VOLONTAIRE!

TU AS BESOIN DE MOI COMME ESPION?

PAS ESPION... ÉCLAIREUR DE BASE-BALL!

J'ADMETS QUE C'EST DANGEREUX, MAIS C'EST NÉCESSAIRE!

ALORS, JE SUPPOSE QUE LA PREMIÈRE QUESTION QUI TE VIENT À L'ESPRIT EST, "POURQUOI CET EMPLOI EST-IL NÉCESSAIRE?

NON, LA PREMIÈRE QUESTION QUI ME VIENT À L'ESPRIT EST "POURQUOI MOI?"

68

BON, AINSI ME VOILÀ ÉCLAIREUR DE BASE-BALL... QUE DOIS-JE FAIRE ?

TU Y VAS, ET TU DÉCOUVRES TOUT CE QUE TU PEUX SUR LEURS LANCEURS ET LEURS FRAPPEURS...

ÉCRIS TOUT CE QUE TU DÉCOUVRES SUR CE CARRÉ DE CHEWING-GUM... S'ILS TE SUSPECTENT DE LES SURVEILLER, TU N'AURAS QU'À MÂCHONNER CETTE PREUVE...

BONNE CHANCE, VIEIL AMI...

MERCI, CHARLIE BROWN...

JE NE SAIS POURQUOI, J'AI LE SENTIMENT D'UN DANGER MENAÇANT !

25

SCHULZ

JE N'AURAIS PEUT-ÊTRE PAS DÛ ENVOYER LINUS EN ÉCLAIREUR DE BASE-BALL...

PEUT-ÊTRE EST-IL PERDU... PEUT-ÊTRE QUE L'AUTRE ÉQUIPE VERRA CE QU'IL FAIT, ET LE ROSSERA...

HÉ, CHEF, PENSES-TU QUE MES CHEVEUX SONT BIEN COMME ÇA, OU DOIS-JE CHANGER ?

NON, ILS SONT TRÈS BIEN COMME ÇA...

C'EST TERRIBLE D'ÊTRE LE SEUL À PRENDRE TOUTES LES DÉCISIONS !

SCHULZ

BON, JE SUIS REVENU, CHARLIE BROWN, ET J'AI DÉCOUVERT TOUT CE QUE TU VOULAIS SAVOIR...

J'AI TOUT ÉCRIT SUR LE CARRÉ DE CHEWING-GUM AINSI QUE TU ME L'AS DIT AFIN QUE, SI L'AUTRE ÉQUIPE AVAIT DES SOUPÇONS, JE PUISSE LE MÂCHER ET DÉTRUIRE LES NOTES!

BIEN, QU'AS-TU TROUVÉ? OÙ EST TON RAPPORT?

J'AI OBSERVÉ LE JEU DE CETTE ÉQUIPE! ILS ÉTAIENT ÉPOUVANTABLES! N'IMPORTE QUI PEUT LES BATTRE!

AUCUN DE LEURS JOUEURS N'ARRIVE À LANCER UNE BALLE EN DEHORS DU TERRAIN! ET ILS ONT CETTE FILLE QUI BRAILLE AU CENTRE ET QUI N'EN TOUCHE PAS UNE!

ILS ONT AUSSI UN ANIMAL À LA DEUXIÈME BASE QUI NE SAIT MÊME PAS RENVOYER, ET LEUR LANCEUR EST UNE ESPÈCE DE GOSSE À TÊTE RONDE QUI N'EST ABSOLUMENT BON À RIEN! ET...

TU AS OBSERVÉ TA PROPRE ÉQUIPE!!!

SCHROEDER A QUITTÉ L'ÉQUIPE... SANS UN BON RECEVEUR NOUS NE SOMMES RIEN!

JE PEUX PEUT-ÊTRE LUI PARLER, CHARLIE BROWN... JE PEUX ÊTRE ASSEZ PERSUASIVE QUAND JE LE VEUX...

JE DOUTE QUE TU PUISSES FAIRE QUELQUE CHOSE, LUCY...

OH? NE SOUS-ESTIMEZ JAMAIS L'EFFET D'UN JOLI VISAGE!

J'AI PROMIS À CHARLIE BROWN QUE J'ESSAYERAIS DE TE PARLER SCHROEDER!...

BOH, SOYONS POSITIFS SUR CE POINT... QUI GAGNE LE PLUS D'ARGENT: UN PIANISTE DE CONCERT OU UN RECEVEUR DE BASE-BALL?

UN PIANISTE DE CONCERT!

QU'EST-CE QUE TU AS, CHARLIE BROWN? POURQUOI NE LAISSES-TU PAS SCHROEDER TRANQUILLE?!

SCHROEDER, TES ACTES DÉPASSENT MA COMPRÉHENSION!

COMMENT PEUX-TU ABANDONNER LE BASE-BALL JUSTE POUR JOUER DU PIANO ?! COMMENT PEUX-TU FAIRE ÇA ?

EST-CE QUE TU RÉALISES QUE TU FAIS FAUX BOND À NOTRE PAYS ?

COMMENT GAGNERONS-NOUS LA COURSE CONTRE LE COMMUNISME SI NOUS NÉGLIGEONS LES CHOSES QUI COMPTENT ?

AUSSI LONGTEMPS QUE SCHROEDER AURA QUITTÉ L'ÉQUIPE, NOUS LA QUITTERONS AUSSI !

S'IL PEUT ABANDONNER PARCE QU'IL PRÉFÈRE BEETHOVEN AU BASE-BALL, NOUS PENSONS AVOIR LE DROIT DE PARTIR AUSSI !

MON DIEU !

BATTU PAR BEETHOVEN !

JE T'AI CAUSÉ PAS MAL DE SOUCI, N'EST-CE PAS, CHARLIE BROWN!

SI J'AVAIS SU QUE TOUTE L'ÉQUIPE ALLAIT TE QUITTER, JE NE SERAIS JAMAIS PARTI!

OH, CE N'EST PAS DE TA FAUTE, SCHROEDER... JE NE TE BLÂME PAS DE JOUER DU PIANO AU LIEU DU BASE-BALL... J'AURAI PROBABLEMENT FAIT LA MÊME CHOSE SI J'AVAIS ÉTÉ DOUÉ...

ET ÉGOÏSTE...

27

POURQUOI MANGES-TU TANT DE BONBONS, CHARLIE BROWN?

JE MANGE PARCE QUE JE SUIS DÉÇU, VOILÀ!

TU SERAIS DÉÇU AUSSI SI TU ÉTAIS CHEF DE BASE-BALL, ET QUE TOUTE TON ÉQUIPE T'AIT LAISSÉ TOMBER!

OUI, JE LE SERAIS PEUT-ÊTRE...

MAIS JE NE SERAIS PAS AUSSI GRINCHEUX!

JE VAIS T'AIDER, CHARLIE BROWN... JE VAIS TE FAIRE UNE ANNONCE POUR METTRE DANS LE JOURNAL!

"MANAGER EXPÉRIMENTÉ RECHERCHE SITUATION DANS CLUB DE BASE-BALL" ÇA SONNE BIEN?

OUI JE TROUVE...

MAINTENANT, NOUS DEVONS LEUR DONNER DES DÉTAILS... DE COMBIEN ÉTAIENT LES DERNIERS SCORES?

QUARANTE JEUX PERDUS ET PAS DE JEU GAGNÉ...

"POSSÈDE UN EXCELLENT DOSSIER"...

SCHULZ

LES ANNONCES DONNENT TOUJOURS DES RÉSULTATS, CHARLIE BROWN...

NOUS ALLONS TÉLÉPHONER TON ANNONCE AU JOURNAL POUR DEMANDER UNE PLACE DE MANAGER DE BASE-BALL, ET JE PARIE QUE TU VAS ÊTRE SUBMERGÉ D'OFFRES!

LES ANNONCES SONT CONNUES POUR PERMETTRE DE VENDRE N'IMPORTE QUOI!

J'AI L'IMPRESSION D'ÊTRE UNE VIEILLE MACHINE À COUDRE!

SCHULZ

75

HA! HA! HA! REGARDEZ ÇA DANS LE JOURNAL D'AUJOURD'HUI!!!

UN IDIOT A MIS UNE ANNONCE DANS LES "DEMANDES D'EMPLOI" POUR AVOIR UN TRAVAIL COMME CHEF D'UN CLUB DE BASE-BALL!

HA HA HA HA HA HA

BON, JE PENSE QU'IL FAUT DE TOUT POUR FAIRE UN MONDE...

DES CHOSES DONT ON PEUT SE PASSER!

AS-TU EU DES RÉPONSES À TON ANNONCE, CHARLIE BROWN?

NON, RIEN DU TOUT...

C'EST ENCORE UN PEU TÔT... JE SUIS SÛR QUE QUELQU'UN T'OFFRIRA UN POSTE DE MANAGER...

JE VEUX DIRE, IL DOIT Y AVOIR UNE ÉQUIPE QUELQUE PART QUI A TANT DE DERNIÈRES PLACES, ET QUI EST PRISE DE PANIQUE QU'ELLE VOUDRA TENTER N'IMPORTE QUOI!

28

JE NE ME SUIS PAS BIEN EXPLIQUÉ, HEIN?

NON, EN EFFET!

HÉ, LINUS! J'AI REÇU UNE RÉPONSE À MON ANNONCE!

PENSE DONC! UNE ÉQUIPE ME VEUT COMME MANAGER!

ES-TU NERVEUX, CHARLIE BROWN?

NERVEUX? QU'EST-CE QUI TE FAIT CROIRE QUE JE SUIS NERVEUX?

LIS LA LETTRE, CHARLIE BROWN...

"CHER MONSIEUR, NOUS RECHERCHONS UN BON MANAGER"...

"LE DERNIER QUE NOUS AVONS EU ÉTAIT UN VRAI SOT... NOUS SOMMES UNE BONNE ÉQUIPE, MAIS QUE PEUVENT DE PAUVRES INNOCENTS JOUEURS AVEC UN CHEF STUPIDE?"

"NOUS VOUS PRIONS DE NOUS CONTACTER À L'ADRESSE CI-DESSUS POUR ENTREVUE... SENTIMENTS DISTINGUÉS, LUCY VAN PELT."

CETTE LETTRE EST DE MA PROPRE ÉQUIPE!!

VOICI LE JOUEUR DE GOLF PROFESSIONNEL MONDIALEMENT CONNU RECEVANT SON INVITATION À JOUER LES MASTERS...

AH! QUELLE ÉMOTION!! LA GEORGIE AU PRINTEMPS!

JE ME VOIS DÉJÀ DEVANT LA PREMIÈRE BALLE...

EN FAIT, LES CHIENS NE SONT PRESQUE JAMAIS INVITÉS À PARTICIPER AUX GRANDS MATCHS...

VOICI LE JOUEUR DE GOLF PROFESSIONNEL MONDIALEMENT CONNU VOLANT DANS SON JET PRIVÉ VERS AUGUSTA, GEORGIE!

IL A ÉTÉ INVITÉ À PARTICIPER AU TOURNOI DE GOLF DES "MASTERS"...

JE N'AI JAMAIS ÉTÉ À AUGUSTA AUPARAVANT...

JE VAIS PROBABLEMENT ÊTRE AVEC LES CHAMPIONS!

VOICI LE JOUEUR DE GOLF PROFESSIONNEL MONDIALEMENT CONNU PARTANT FAIRE UN TOURNOI D'ENTRAÎNEMENT AUX "MASTERS"...

JE VAIS PROBABLEMENT JOUER AVEC ARNIE AUJOURD'HUI, OU SAM, OU BEN, OU GAY...

BIEN SÛR, ILS N'AIMENT PAS TOUJOURS JOUER AVEC MOI...

ILS DÉTESTENT QUE JE LES BATTE !

29

C'EST LE SECOND JOUR DE GRAND CONCOURS DE GOLF À AUGUSTA, GEORGIE...

PAS DE CAMÉRAS, JE VOUS PRIE...

VOICI LE JOUEUR DE GOLF PROFESSIONNEL MONDIALEMENT CONNU CALCULANT SON TIR POUR LE SEIZIÈME TROU...

JE NE M'EN ÉTAIS PAS RENDU COMPTE AVANT, MAIS JE VIS TERRIBLE-MENT LOIN DE TOUT...

IL N'Y A PAS UN ENDROIT DANS LE COIN OÙ L'ON PEUT AVOIR UNE PIZZA APRÈS MINUIT !

VOICI LA SUPERSTAR MONDIALEMENT CONNUE AVANÇANT SUR LE TERRAIN...

BONJOUR... COMMENT TE SENS-TU ? AS-TU BIEN DORMI ? J'ESPÈRE QUE TU MÈNERAS UNE BONNE PAR-TIE AUJOURD'HUI... AS-TU BESOIN DE QUELQUE CHOSE ?

LES MANAGERS SONT VRAIMENT AIMABLES AVEC LES SUPERSTARS !

84

LE MATCH EST TERMINÉ... VOILÀ LA SUPERSTAR SIGNANT DES AUTOGRAPHES...

AVEC MON AMITIÉ... AVEC MON AMITIÉ... AVEC SYM- PATHIE... AVEC MON AMITIÉ ... CE STYLO N'ÉCRIT PLUS ... MERCI... AVEC MON AMITIÉ... AVEC SYMPATHIE...

POUR QUI ? COMMENT L'ÉPE- LEZ-VOUS ? AVEC MON AMITIÉ... VOTRE NEVEU ?" "POUR BILL"... AVEC MON AMITIÉ... OKAY... SUR CE PAPIER DE BONBON ? AVEC MON AMITIÉ ... AVEC MON AMITIÉ... AVEC MON AMITIÉ...

C'EST MAGNIFIQUE D'ÊTRE UNE SUPERSTAR ... C'EST COMME ...

"SEPTIÈME CHAMPIONNAT ANNUEL MON- DIAL DE BRAS DE FER"...

TU DEVRAIS T'INSCRIRE, SNOOPY... ÇA SE TIENDRA LE 3 MAI À PETALUMA...

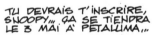

"PETALUMA"?

LE CHAMPION DU TITRE MESURE 1 MÈTRE 85 ET PÈSE 150 KILOS...

"PETALUMA" ?!

VOICI LA VEDETTE MONDIALE DE BRAS DE FER S'ENTRAÎNANT AVANT DE PARTIR À PETALUMA POUR LES CHAMPIONNATS...

WAM!

ON PEUT TREMBLER À PETALUMA CE SOIR!

SCHULZ

KLUNK!!

NOUS, AS DU BRAS DE FER, TRAITONS NOS ADVERSAIRES SANS PITIÉ!

SCHULZ

32

CECI EST TRÈS INTÉRES-SANT...

SAVAIS-TU QUE LES AS DU BRAS DE FER ONT LEUR PROPRE DEVISE ?

"FORCE PURE ET COURAGE"!

TRÈS APPROPRIÉ!

HÉ, CHIEN STU-PIDE, TU NE PEUX PARTIR À PETA-LUMA POUR LE CHAMPIONNAT DU MONDE DE BRAS DE FER...

TU VAS TE PERDRE, OU TOMBER DANS UN TROU, OU AUTRE CHOSE!

C'EST ÇA QUE TU DÉ-SIRES ? TU VEUX TE PERDRE, OU TOMBER DANS UN TROU, OU AUTRE CHOSE ?!

CHIEN STUPIDE!

IL SEMBLE QUE NOUS NOUS DISIONS TOUJOURS AU REVOIR, N'EST-CE PAS, SNOOPY?

DE TOUTE FAÇON, BONNE CHANCE A' PETALUMA! REVIENS AVEC LE TITRE DE CHAMPION DU MONDE DE BRAS DE FER... JE SAIS QUE TU LE PEUX!

SALUT, VIEUX FRÈRE...

LES ADIEUX ME SERRENT TOUJOURS LA GORGE... J'AI PLUTÔT BESOIN DE BONJOURS.

CE CHIEN STUPIDE EST PARTI POUR PETALUMA?!

IL NE TROUVE MÊME PAS SON CHEMIN POUR SE BATTRE AVEC UN CHAT! LUI AS-TU DONNÉ UNE CARTE? IL DEVRAIT AU MOINS AVOIR UNE CARTE...

LUI AS-TU DONNÉ UNE CARTE?

EH BIEN, C'ÉTAIT PAS EXACTEMENT UNE CARTE...

88

33

QUE FAIS-TU À LA MAISON? QUE S'EST-IL PASSÉ À PETALUMA?

?

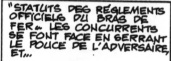

"STATUTS DES RÈGLEMENTS OFFICIELS DU BRAS DE FER.. LES CONCURRENTS SE FONT FACE EN SERRANT LE POUCE DE L'ADVERSAIRE, ET...

J'AI ÉTÉ DISQUALIFIÉ... JE N'AI PAS DE POUCE!

VOICI L'AS DE LA 1ère GUERRE MONDIALE SURVOLANT PONT-À-MOUSSON AVEC LA HUITIÈME ESCADRILLE DES U.S.A...

IL EST 17 HEURES, LE 3 NOVEMBRE 1918... NOUS PRENONS DES CLICHÉS À UNE ALTITUDE DE 2.200 MÈTRES...

EN CONTREBAS, JE PEUX VOIR LES POSITIONS OCCUPÉES PAR LA 92ème DIVISION AMERICAINE ET DEUX KILOMÈTRES AU NORD, J'APERÇOIS LES LIGNES ALLEMANDES...

AVEZ-VOUS JAMAIS VU UNE RECHERCHE AUSSI PRÉCISE?

90

JE DÉTESTE LES JOURS DE GRAND VENT...

LE VENT EST TRÈS IMPORTANT... SANS VENT, NOTRE MONDE N'AURAIT PAS DE VIE!

NOS OCÉANS DEVIENDRAIENT DES MARES STAGNANTES... LES NUAGES NE BOUGERAIENT PAS... LES DRAPEAUX NE FLOTTERAIENT PAS...

LES OREILLES NE CLAQUERAIENT PAS

34

LA BOUILLOIRE À THÉ!

**CHOMP!
CHOMP!
CHOMP!**

JE SENS QUE JE VAIS ÊTRE TRÈS, TRÈS, TRÈS, TRÈS, TRÈS MALADE!

tape
tape
adaz
tape

C'EST LA SEMAINE NATIONALE DES SECRÉTAIRES...

SERREZ VOTRE SECRÉTAIRE DANS VOS BRAS!

92

LE DOS ME DEMAN-GE!

TU AS DEUX SOLUTIONS, SNOOPY...

PENDANT QUE NOTRE FAMILLE PART EN VACAN-CES, TU PEUX SOIT RESTER DANS UN CHENIL...

AAUGH!

OU RESTER AVEC LUCY...

AAUGH!

JE CROIS AVOIR UN PROBLÈME...

36

QUE FAIT CE CHIEN DANS LA MAISON ?!!

TOI, RESTE DEHORS À TA PLACE ! DEHORS ! DEHORS !

ZUT ! JE VAIS MANQUER TOUS MES PROGRAMMES !

SNOOPY, JE SUIS CONTENT QUE TU RESTES AVEC NOUS PENDANT QUE CHARLIE BROWN EST EN VACANCES !

ET, ENTRE PARENTHÈSES, NE TE LAISSE PAS FAIRE PAR LUCY...

EN FAIT, ELLE ABOIE PLUS QU'ELLE NE MORD...

JE HAIS CES EXPRESSIONS !

J'ÉCRIS UNE AUTRE CARTE POSTALE À SNOOPY...

NOUS SERONS À LA MAISON AVANT QU'IL LA REÇOIVE!

MAIS, BIEN ENTENDU!

TU N'AS RIEN COMPRIS AUX VACANCES DES CARTES POSTALES, HEIN?

SCHULZ

VOICI L'AS DE LA 1ère GUERRE MONDIALE BUVANT UNE BIÈRE AVEC UNE JEUNE PAYSANNE DU COIN...

À SA FAÇON DE ME REGARDER, JE VOIS QUE J'AI PRIS SON COEUR... ‡ MON DIEU! UN JOUR, CETTE GUERRE FINIRA, ET IL FAUDRA QUE JE LA QUITTE...

PAUVRE FILLE... ÇA LUI BRISERA LE COEUR...

SMAK

JE L'EMMÈNERAIS BIEN AUX ÉTATS-UNIS AVEC MOI, MAIS ELLE EST BIEN TROP LAIDE!

SCHULZ

98

UNE AUTRE LETTRE DE LILA ?!

ELLE VIENT ME VOIR! LILA VA VENIR ME VOIR!!

HO! POURQUOI NE ME LAISSE-T-ELLE PAS SEUL? POURQUOI VEUT-ELLE ROUVRIR DE VIEILLES BLESSURES?!

ET, DE PLUS, ELLE VA PROBABLEMENT VENIR JUSTE À L'HEURE DU SOUPER!

LILA VIENT TE VOIR? APRÈS TOUTES CES ANNÉES?

COMMENT PEUT-ELLE TE FAIRE ÇA? NE RÉALISE-T-ELLE PAS L'AGONIE DANS LAQUELLE ELLE TE PLONGE? N'A-T-ELLE PAS DÉJÀ FAIT ASSEZ DE MAL?

SNIF!

JE NE SAIS MÊME PAS QUI EST LILA...

C'EST LILA !

LILA ARRIVE ! JE N'AI PAS ENVIE DE LA VOIR ! JE N'AI PAS ENVIE DE REVIVRE DE VIEUX SOUVENIRS...

OÙ PUIS-JE ALLER ? OÙ PUIS-JE ME CACHER ?

SOUS LE BILLARD !!

EST-ELLE PARTIE ?

ELLE EST PARTIE... LILA EST REPARTIE...

LILA EST PARTIE, ET JE NE L'AI MÊME PAS VUE... JE NE LE POUVAIS PAS... JE NE POUVAIS PAS SUPPORTER DE REVIVRE CES ANCIENS ET DOULOUREUX SOUVENIRS...

OH, LILA ! TU SAIS QUE TU SIGNIFIAIS POUR MOI PLUS QUE LA VIE MÊME, ET TE VOILA REPARTIE... OH LILA...

JE ME DEMANDE SI C'EST L'HEURE DU SOUPER ?

SCHULZ

101

?

TROMP
TROMP
TROMP
TROMP

TROMP
TROMP
TROMP
TROMP

TROMP
TROMP
TROMP
TROMP

MON COPAIN, LE FANTASSIN!

C'EST RIDICU-LE! IL EST PRES-QUE DIX HEURES TRENTE!

OÙ DIABLE PEUT-IL ÊTRE?

C'EST SCANDALEUX!

PERSONNE NE DEVRAIT AVOIR A ATTENDRE SON BEIGNET APRÈS DIX HEURES DU MATIN!

AS-TU ENTENDU PARLER DU BAL COSTUMÉ D'HIER AU SOIR?

TOUS LES GENS IMPORTANTS DE LA VILLE Y ÉTAIENT... LES DAMES PORTAIENT TOUTES UNE ROBE ÉLÉGANTE... C'ÉTAIT TRÈS BEAU!

J'ESPÈRE QUE JE SERAI INVITÉE À UN BAL COSTUMÉ COMME CELUI-LÀ...

J'AIMERAIS Y ALLER, MAIS JE N'AI PAS DE MOUCHOIR PROPRE!

39

SCHULZ

QU'EST-CE QUE TU REGARDES?

LA CÉRÉMONIE D'INAUGURATION... SNOOPY VA ÊTRE ASSERMENTÉ NOUVEAU "PREMIER CHIEN BEAGLE"!

IL A RÉUSSI LES TROIS ÉPREUVES... C'EST UNE CÉRÉMONIE TRÈS ÉMOUVANTE...

C'EST LE PLUS GRAND MOMENT DE MA VIE...

C'EST TON CHIEN, CHARLIE BROWN!

IL VA PROBABLEMENT ÊTRE RÉVOQUÉ!

104

105

SALUT! QU'Y A-T-IL?

SNOOPY EST-IL LÀ? CETTE LETTRE EST ARRIVÉE POUR LUI...

ÇA SEMBLE ÊTRE OFFICIEL...

"NOUS VOUS INFORMONS QUE VOUS AVEZ ÉTÉ DESTITUÉ DU TITRE DE PREMIER BEAGLE"...

MAUVAISES NOUVELLES, VIEUX?

JE M'EN MOQUE!

J'ÉTAIS "PREMIER BEAGLE"!!

MAINTENANT, JE NE SUIS RIEN!

ET MON PAUVRE SECRÉTAIRE EST AU CHÔMAGE!

MON DIEU!

106

107

LE MANUSCRIT EST TERMINE, HEIN? PRÊT À ÊTRE EXPEDIÉ À UN ÉDITEUR, JE VOIS...

ALLEZ, BONNE CHANCE!... FAIS ATTENTION À CET ARBRE!

BONK!

AUTANT POUR LE MANUSCRIT...

SCHULZ

Je suis né par un radieux matin de printemps au chenil de Daisy Hill...

J'étais un des sept chiots. Mon père et ma mère m'aimaient.

Ce furent des jours heureux.

"BEAGLE PRESSE" M'A DEMANDÉ D'ÉCRIRE MON AUTOBIOGRAPHIE...

SCHULZ

« Bien que mes jeunes années aient été heureuses, de sombres nuages apparurent bientôt dans mon ciel.

Ma vie connut bien des privations.

PRIVATIONS ?!

COMMENT ÇA, PRIVATIONS ?! J'AI TOUJOURS PRIS SOIN DE TOI ! TU N'AS JAMAIS ÉTÉ PRIVÉ DE QUOI QUE CE SOIT !

NON, VRAIMENT ?

CECI PEUT GÂCHER MON AUTOBIOGRAPHIE...

41

SCHULZ

« Durant ma vie, j'ai connu pas mal de...

MINCE ALORS ! TU AS INTÉRÊT À FAIRE ATTENTION À CE QUE TU ÉCRIS DANS CETTE AUTOBIOGRAPHIE !

SI TU DIS DU MAL DE MOI, JE DONNE UN COUP DE PIED DANS TON ÉCUELLE !

...d'étranges personnages.

SCHULZ

POUR SON ANNIVERSAIRE, JE LUI AI PROMIS QU'IL AURAIT SON PROPRE ALBUM A COLORIER ET SES PROPRES CRAYONS...

BONK!!

TROP DE JOIE NE VAUT RIEN!

IL NE LUI FAUT PAS GRAND-CHOSE POUR ÊTRE HEUREUX...

JE LUI LAISSE COLORIER EN BLEU TOUS LES CIELS DE MON ALBUM!...

43

LE GLOUTON EST UN ANIMAL REMARQUABLE...

POUR SURVEILLER QUELQUE CHOSE DE LOIN, IL LUI ARRIVE DE CACHER SES YEUX AVEC SA PATTE...

IL EST LE SEUL ANIMAL APRÈS L'HOMME, QUI AIT CETTE FACULTÉ...

QUI A BESOIN DE LUI?

EN FIN DE COMPTE, J'AI TROUVÉ LE NOM DE CET OISEAU STUPIDE...

JE NE L'OUBLIERAI JAMAIS...

WOODSTOCK!

44

116

UN DISCOURS ?

LE CHENIL DE DAISY HILL T'A INVITÉ À PARLER POUR LA FÊTE NATIONALE...

ILS DISENT QUE BIEN DES JEUNES CHIOTS SERAIENT DÉSIREUX DE RENCONTRER UN DE LEURS SEMBLABLES AYANT ÉTÉ PROMU PREMIER BEAGLE...

ÇA SE COMPREND !

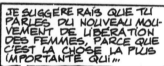

J'AI ENTENDU DIRE QUE TU FERAS UN DISCOURS POUR LA FÊTE NATIONALE ?!

JE SUGGÉRERAIS QUE TU PARLES DU NOUVEAU MOUVEMENT DE LIBÉRATION DES FEMMES, PARCE QUE C'EST LA CHOSE LA PLUS IMPORTANTE QUI...

SMAK ♥

JE N'AI DEMANDÉ L'AVIS DE PERSONNE, CHÉRIE !

118

J'AI UNE SUGGESTION POUR TON DISCOURS...

COMMENCE PAR UNE CITATION DU HUITIÈME CHAPITRE DE SAMUEL... UNE PETITE RÉFÉRENCE THÉOLOGIQUE TE PROCURERAIT UN BON DÉMARRAGE...

LAISSE TOMBER!!

AU CHENIL DE DAISY HILL, LA SEULE THÉOLOGIE QUI LES INTÉRESSE, C'EST L'ÉCUELLE DE SOUPE!

45

HUM...

PROFITANT DE LA FÊTE NATIONALE, JE CROIS POUVOIR GLISSER QUELQUES SARCASMES AU SUJET DES CHIENS QUI N'ONT PAS LE DROIT DE VOTE!... NOUS POUVONS ÊTRE APPELÉS SOUS LES DRAPEAUX, MAIS NOUS NE POUVONS VOTER...

MAINTENANT, JE VAIS RACONTER MA DERNIÈRE BLAGUE CONTRE LES CHATS... L'AUDITOIRE-CHIEN AIMERA CELLE-CI... HI! HI! HI! HI!

J'AI LA SÉRIE DE BLAGUES ANTI-CHAT LA PLUS GRANDE DU MONDE!

119

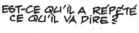

DÉJÀ PARUS DANS CETTE COLLECTION

DÉJÀ PARUS DANS CETTE COLLECTION *(suite)*

POCKET B.D.

EDITIONS PRESSES ♥ POCKET
8, rue Garancière 75285 Paris Cedex 06
Tél. (1) 46.34.12.80

Imprimé par I.M.E. - 25-Baume-les-Dames
Dépôt légal : Septembre 1989 - N° imprimeur : 7912